Bibliografische Information der Deutschen Nationalbibliothek:

Die Deutsche Bibliothek verzeichnet diese Publikation in der Deutschen National-
bibliografie; detaillierte bibliografische Daten sind im Internet über http://dnb.d-
nb.de/ abrufbar.

Impressum:

Copyright © 2019 GRIN Verlag
Druck und Bindung: Books on Demand GmbH, Norderstedt Germany
ISBN: 9783346066541

Dieses Buch bei GRIN:

https://www.grin.com/document/508143

Nicole Kunz

Sinnerfassendes Lesen mit dem Sachtext "Ela, die Haselmaus"

GRIN Verlag

GRIN - Your knowledge has value

Der GRIN Verlag publiziert seit 1998 wissenschaftliche Arbeiten von Studenten, Hochschullehrern und anderen Akademikern als eBook und gedrucktes Buch. Die Verlagswebsite www.grin.com ist die ideale Plattform zur Veröffentlichung von Hausarbeiten, Abschlussarbeiten, wissenschaftlichen Aufsätzen, Dissertationen und Fachbüchern.

Besuchen Sie uns im Internet:

http://www.grin.com/

http://www.facebook.com/grincom

http://www.twitter.com/grin_com

Sinnerfassendes Lesen

am Beispiel des Sachtextes „Ela, die Haselmaus

Stundenskizze

Fach: Deutsch

Über Lesefertigkeiten verfügen

Thema: Ela, die Haselmaus

Inhaltsverzeichnis

1 Stellung der Stunde im LehrplanPLUS

1.1 Fachprofil Deutsch

Sprechen und Zuhören	Lesen – mit Texten und weiteren Medien umgehen	Schreiben
• verstehend zuhören • zu anderen sprechen • Gespräche führen • über Lernen sprechen • szenisch spielen	• über Leseerfahrungen verfügen • über Lesefertigkeiten verfügen • über Lesefähigkeiten verfügen • Texte erschließen • Texte präsentieren	• über Schreibfertigkeiten verfügen • Texte planen und schreiben • Texte überarbeiten

Methoden und Arbeitstechniken
werden mit den Inhalten der Kompetenzbereiche erworben

Sprachgebrauch und Sprache untersuchen und reflektieren

• sprachliche Verständigung untersuchen
• Gemeinsamkeiten und Unterschiede von Sprachen entdecken
• sprachliche Strukturen in Wörtern, Sätzen, Texten untersuchen und verwenden
• richtig schreiben

Die sprachliche Bildung ist wesentlicher Bestandteil des Bildungsauftrags der Grundschule. Im Deutschunterricht erwerben die Kinder „in enger Verbindung von Sprechen, Lesen und Schreiben die Grundlagen für die anzustrebende umfassende und durchgängige Sprachbildung über die gesamte Bildungslaufbahn hinweg."[1] Lesen, mit Texten sowie mit Medien umgehen ist von Beginn der kindlichen Welt elementar. Eingeschlossen darin sind Leseerfahrungen im Sinne vorschulischer Erfahrungen mit der Schriftsprache sowie Lesefertigkeiten. Es geht darum nicht nur Text in gedruckter Form sondern auch anderer medialer Darstellungen wie beispielsweise Hörtexte, Filme und digitale Texte zu verstehen. Ebenso sollen die Kinder mit den diversen Arten von Medien reflektiert umgehen.

Gute Lesefertigkeiten, also flüssiges, angemessenes und genaues Lesen, bilden die Basis für die erfolgreiche Anwendung von Lesestrategien zur Erschließung von Texten. Aufgabe des Unterrichts ist es Lesestrategien zur Anwendung vor, während und nach der Lektüre systematisch einzuführen. Dies kann besonders beim Erschließen von Sachtexten geübt werden. Die anschließende Reflexion über angemessene und gelungene Lesestrategien ist ein wichtiges Element des kompetenzorientierten Unterrichts.[2]

---

[1] Bayerisches Staatsministerium für Unterricht und Kultus (2017): LehrplanPLUS Grundschule in Bayern. München: Verlag J. Maiß, S. 28ff.
[2] vgl. ebd.

Da sich die Lesekompetenz der Schüler stark bei der Einschulung unterscheidet: einige Kinder können bereits lesen, andere treten erstmals im Anfangsunterricht damit in Kontakt, muss der kompetenzorientierte Deutschunterricht an den diversen Kenntnissen der Sprösslinge anknüpfen. Durch die vorliegende Unterrichtsstunde wird die Lesekompetenz, besonders das sinnerfassende Lesen, der Schüler gestärkt.[3]

1.2 Fachlehrplan

Die ausgearbeitete Stunde lässt sich im Fachlehrplan Musik 1/2 in folgendem Lernbereich einordnen:

Fach: Deutsch
Lernbereich 2: Lesen – mit Texten und anderen Medien umgehen
2.2 Über Lesefertigkeiten verfügen
Kompetenzerwartungen
Die Schülerinnen und Schüler...

- lesen [...] Texte richtig [...] und entnehmen dabei Informationen.
- nutzen unterstützende Hinweise, um ihre Leseflüssigkeit, Lesegenauigkeit, [...] sowie die Sinnerfassung von Wörtern und Sätzen [...] zu erhöhen.

2.3 Über Lesefähigkeiten verfügen
Kompetenzerwartungen
Die Schülerinnen und Schüler...

- lesen sinnerschließend, indem sie grundlegende Lesestrategien [...] mit Anleitung anwenden.
- nutzen beim Lesen [...] Markierungen wie [...] Unterstreichungen, um zentrale Aussagen zu finden.
- markieren Wörter, die ihr Leseverständnis behindern und klären sie [...].
  zeigen ihr Verständnis von [...] (T)exten [...], indem sie Fragen dazu [...] beantworten.[4]

---

[3] In dieser Arbeit wird aus Gründen der besseren Lesbarkeit das generische Maskulinum verwendet.
[4] Bayerisches Staatsministerium für Unterricht und Kultus (2017): LehrplanPLUS Grundschule in Bayern, S. 117f.

2 Stellung der Stunde in der Sequenz

2.1 Sequenzziel

Die Schüler wenden Lesestrategien an (genaues Lesen von Texten; Markieren sowie Klären schwieriger Wörter). Zudem finden sie Hinweiswörter um Fragen zum Text zu beantworten, sodass ein sinnerschießendes Lesen gewährleistet wird.

2.2 Sequenzverlauf mit möglichen Querverweisen

UE	Inhalte und Stellung der Stunde in der Sequenz	Kompetenzen	Querverweise
1	Lesespur „Sport"	Die SuS erweitern ihre Kenntnis über Lesestrategien. Sie lesen genau und sinnerfassend, indem sie Lesestrategien anwenden.	S1/2 LB 3: Freizeit und Umwelt
2	Lesespur „Wandertag"	Die SuS lesen genau und sinnerfassend, indem sie Lesestrategien anwenden.	S1/2 LB 3: Freizeit und Umwelt
3	Lesespur „Klassenzimmer"	Die SuS lesen genau und sinnerfassend, indem sie Lesestrategien anwenden.	HSU 1/2 LB 1: Demokratie und Gesellschaft
4	Lesen des Textes „Zu Besuch im Hexenweg"	Die SuS lesen genau und sinnerfassend, indem sie Lesestrategien anwenden und beantworten Fragen zum Text.	--
5	Lesen des Sachtextes „Igel"	Die SuS lesen genau und sinnerfassend, indem sie Lesestrategien anwenden und beantworten Fragen zum Text.	HSU 1/2 LB 3: Natur und Umwelt
6	**Lesen des Textes „Ela, die Haselmaus"**	**Die SuS lesen genau und sinnerfassend, indem sie Lesestrategien anwenden und beantworten Fragen zum Text.**	**HSU 1/2 LB 3: Natur und Umwelt**

2.3 Begründung der Einordnung

Die ausgearbeitete Stunde bildet das Ende der Sequenz mit Fokus auf das Anwenden von Lesestrategien mit den Schwerpunkten genaues Lesen, Markieren sowie Klären schwieriger

Wörter, dem Finden von Hinweiswörtern um Fragen zu dem Lesetext beantworten zu können.

Aus der ersten Klasse kennen die Schüler Lesemalaufträge sowie das Beantworten von Fragen durch Ankreuzen oder Verbinden, welche genaues Lesen bereits implizierten. Zu Beginn der Sequenz wurden Lesestrategien mit Hilfe von Lesespuren eingeübt. Der besondere Fokus lag hierbei auf das Finden von Hinweiswörtern.

Zur Vertiefung und Weiterführung des sinnerfassenden Lesens diente die Lektüre verschiedener Genres. Wiederholt wurden dabei Lesestrategien besprochen und angewendet. Am Ende der Sequenz sind die Kinder in der Lage im Rahmen ihrer Kompetenzen sinnerfassend zu lesen was sich im korrekten Beantworten der Fragen zum Text überprüfen lässt.

3 Stellung der Stunde im Wochenplan

Wochenplan		Schuljahr:		Datum:		Nr:
Zeit	**Montag**	**Dienstag**	**Mittwoch**	**Donnerstag**		**Freitag**
1	Seminar in Würzburg 9-13 Uhr Meine eigenverantwortlichen Stunden entfallen wegen des Bastelns für den Weihnachtsmarkt in Amorbach	MU 3b Einführung Notenwerte LB 4	S	Prä/GU 1c Silbenschwingen und Lautieren LB 4.4		BUV Deutsch 2b LB 2.2/2.3 Lesetext: Ela, die Haselmaus S
2		Prä/GU Mathematik 2b 10 er Freunde LB 1	E	Prä/GU HSU 2b Igel LB 1		E
P						
3		Prä/GU 2b 10er Freunde LB 1	M	Prä/MU 4c Begleitung auf Glockenspiel LB 1		M
4		Prä/GU Musik 2b Igellied mit Notation LB 1 und 4	I	KR 2b St. Martin LB 9		I
P						
5		KR 2b St. Martin LB 9	N	KR 3b St. Martin LB 10		N
6		Prä/MU 4c Begleitung auf Glockenspiel LB 1	A	KR 3b St. Martin LB 10		A
P						
7		diff LEG Vorbereiten	R			R

4 Beschreibung des Stundenziel

Die Kinder lesen den Text „Ela, die Haselmaus" sinnerfassend um die dazugestellten Fragen mit Hilfe von Lesestrategien beantworten zu können.

5. Persönliches Ziel

Mein Ziel für die Unterrichtsstunde ist meinen Redeanteil zu reduzieren, indem ich verstärkt auf Mimik und Gestik setze und dadurch stille Impulse gebe.

6 Analyse der Leistungsfähigkeit der Klasse

Lesekompetenz bei unbekannten Texten, Unterrichtsbeteiligung (UB) und Arbeitsverhalten
• liest wortgenau, teils langsam und erfasst Inhalt problemlos   • sehr gute UB   • arbeitet zügig
• liest teils noch langsam, nicht immer wortgenau, Sinnentnahme meist problemlos   • wechselhafte UB   • arbeitet eher langsam
• liest teils etwas langsam, meist wortgenau, Sinnentnahme meist problemlos   • oft gute UB   • arbeitet zügig
• liest recht flüssig, erfasst den Inhalt, wenn Wortschatz bekannt ist   • wechselnde UB   • arbeitet oft zu zügig
• liest flüssig, teils zu schnell und dann nicht wortgenau, erfasst Inhalt problemlos   • wechselhafte UB, gute Beiträge   • arbeitet meist zügig
• liest recht flüssig, meist wortgenau, Sinnentnahme meist problemlos   • oft gute UB   • arbeitet zügig
• liest recht flüssig, nicht immer wortgenau, Inhalt erfasst er meist problemlos   stockend und wenig sinnerschließend

- wechselnde UB (Problem Konzentration)
- arbeitet wechselhaft

- liest manchmal etwas stockend und nicht wortgenau, meist problemlose Sinnentnahme flüssig
- oft gute UB
- arbeitet zügig

- liest recht flüssig, erfasst meist problemlos Texte
- gute UB
- arbeitet zügig

- liest flüssig und meist wortgenau, Sinnentnahme problemlos
- sehr gute UB
- arbeitet zügig

- liest teils etwas langsam, nicht immer wortgenau, Sinnentnahme problemlos
- sehr gute UB
- arbeitet zügig

- liest flüssig und wortgenau, Sinnentnahme problemlos
- wechselnde UB
- arbeitet recht schnell

- liest stockend und nicht immer wortgenau, Sinnentnahme problemlos
- oft gute UB
- arbeitet wechselhaft (Problem Konzentration)

- liest teils noch stockend und nicht immer wortgenau, Sinnentnahme problemlos
- gute und passende aber wechselhafte UB
- arbeitet eher langsam

- liest teils langsam aber wortgenau, Sinnentnahme problemlos
- gute UB
- arbeitet meist zügig

- liest teils noch etwas stockend, meist problemlose Sinnentnahme
- gute Beiträge aber wechselhafte UB (Problem Konzentration)
- arbeitet zügig

- liest stockend, sehr langsam, meist wortgenau,
  Sinnentnahme fällt sehr schwer
- geringe UB
- arbeitet langsam

- liest recht, nicht immer wortgenau, problemlose
  Sinnentnahme
- gute UB
- arbeitet zügig

- liest teils stockend, nicht immer wortgenau, i.d. R.
  problemlose Sinnentnahme
- wechselnde UB
- arbeitet oft zügig

- liest recht flüssig, nicht immer wortgenau, meist problemlose
  Sinnentnahme
- gute UB
- arbeitet meist zügig

- liest teils noch stockend, nicht immer wortgenau,
  Sinnentnahme fällt noch sehr schwer
- keine UB
- arbeitet sehr langsam
- sonderpädagogischer Förderbedarf Lernen
  (Empfehlung Sonderschule – keine Reaktion der Eltern)

- liest recht flüssig, nicht immer wortgenau, problemlose
  Sinnentnahme
- gute UB
- arbeitet zügig

- liest recht flüssig, meist wortgenau, Sinnentnahme fällt
  etwas schwer
- wenig UB
- arbeitet eher langsam, geringe Anstrengungsbereitschaft,
  Problem Konzentration

- liest etwas langsam aber wortgenau, i. d. R problemlose
  Sinnentnahme
- gute aber geringe UB
- arbeitet meist zügig

6.1 Grundkenntnisse in Bezug auf das Unterrichtsvorhaben

Ein wesentliches Ziel nach Ende der zweiten Jahrgangsstufe ist das flüssige sowie sinnerfassende Lesen von Wörtern, Sätzen und altersgemäßen Texten.[5] Die meisten Kinder verfügen über altersgemäße Lesefertigkeiten, welche in der ersten Klasse angeeignet wurden. Literacy war bei jedem Kind in unterschiedlicher Ausprägung bereits zu Schulbeginn gegeben. Elternhäuser und Kindergärten stärken Literacy durch das Vertraut werden mit Bilderbüchern und dem Vorlesen dieser. So gewinnen Kinder Muster um Erlebtes zu ordnen und zu verstehen.[6]

In der ersten Jahrgangsstufe wurden Texte mit maximal 10 Zeilen gelesen. dazu wurden Lesemalaufträge sowie das Beantworten von Fragen durch Verbinden und Ankreuzen gestellt. Die meisten Kinder konnten dies kompetent umsetzen.

Zum Lesen lässt sich sagen, dass ein Kind bereits im Anfangsunterricht lesen konnte. Die meisten Schüler erlernten diese Fähigkeit im Laufe des ersten Schuljahrs. Wenige Kinder, besonders jene mit Migrationshintergrund haben noch zu Beginn der zweiten Klasse Diskrepanzen zum Durchschnittslesen der Klasse. Ein Kind mit Migrationshintergrund und Lernschwäche verfügt über minimale Lesefähigkeiten und -fertigkeiten.

Des Weiteren ist ein wesentlicher Bestandteil des Deutschunterrichts im Hinblick auf die ausgearbeitete Stunde die Lesemotivation der Kinder.[7] Die meisten Kinder sind motivierte Leser. Besonders die Lesespuren sowie den Igel-Sachtext fanden die meisten Schüler spannend.

6.2 Leistungsspektrum in Bezug auf das Unterrichtsvorhaben

Die Lesefertigkeiten und -fähigkeiten in der Klasse sind wie bereits dargestellt divergiert. Wenige Kinder lesen bereits rasch und sinnerfassend. Die meisten Kinder lesen altersgemäß und in Ansätzen sinnerfassend, finden und klären Wörter, die für sie unbekannt sind. Ferner verschriftlichen die meisten Schüler Antworten zu den Fragen der Lesetexte um anschließend das sinnerfassende Lesen zu überprüfen. Außerdem verfügen so gut wie alle Kinder über eine richtige Selbsteinschätzung bei der Reflexion. Drei Kinder mit Migrationshintergrund haben noch immer große Probleme mit flüssigem sowie sinnerfassendem Lesen. Eine Schülerin, welche auch Lernprobleme hat, liest weder korrekt noch weiß sie was gelesen und gearbeitet werden soll. Sie müsste während des kompletten Schultags in einer eins-zu-eins-Betreuung gefördert werden. Nur wenn dies gegeben wäre, könnte sie ansatzweise lesen und zu den Texten Fragen beantworten.

---

[5] Bayerisches Staatsministerium für Unterricht und Kultus (2017): LehrplanPLUS Grundschule in Bayern, S. 30.
[6] vgl. Dehn, Mechthild (2010): Kinder&Lesen und Schreiben. Was Erwachsene wissen sollten. Seelze: Friedrich Verlag GmbH, S. 22.
[7] Bayerisches Staatsministerium für Unterricht und Kultus (2017): LehrplanPLUS Grundschule in Bayern, S. 30.

6.3 Leistungsstand eines Schülers

An dieser Stelle wird die Schülerin XX näher betrachtet. Das Kind stammt aus einem türkischen Elternhaus. Sie hat einen älteren Bruder. Mit ihrer Mutter spricht das Mädchen türkisch. Mit ihrem Vater und Bruder weitestgehend deutsch.

Die Schülerin hat mittlerweile einen soliden Grundwortschatz der deutschen Sprache. Den einfachen Wortschatz setzt sie selten grammatikalisch korrekt ein. Besonders mit Präpositionen, Vorsilben, Artikeln und Kasus tut sie sich schwer.

In der ersten Klasse hatte sie größere Schwierigkeiten mit dem Lesen. Besonders mit der Synthese von Buchstaben. Dies gelang ihr jedoch immer mehr im Laufe des Schuljahrs. XX fällt es zu Beginn der zweiten Klasse immer noch schwer den Sinn von gelesenen Texten zu entnehmen. Daher liest XX im „Leseclub" der Klasse. Hierbei liest die Lehrkraft mit den Kindern den Text zusammen und Fragen zum Text werden gemeinsam geklärt. Die Fragen unterschieden sich zum Rest der Klasse, indem mehr gemalt und angekreuzt an Stelle von geschrieben wird.

Eine Hilfe für besseres Lesen kann für sie das silbenweise Markieren langer Wörter in Lesetexten sein. Außerdem das Vergrößern der bayerischen Druckschrift auf Schriftgröße 16. Ferner wird das Lesen des Mädchens im Kleingruppenlesen durch die Förder- sowie der Klassenlehrerin trainiert. Auch im Elternhaus besteht die Möglichkeit des Verbesserns der Lesefertigkeiten durch tägliches zehnminütiges Lesen und anschließendem Sammeln der Elternunterschrift um dafür eine Perle für den „Lesewurm" zu erhalten. Diese Methode ist zudem äußerst motivierend für das Kind.

Im Blick auf das Sprechverhalten lässt sich sagen, dass die Schülerin vorgegebene Satzmuster nicht immer korrekt wiedergibt und selten wortwörtlich wiederholen kann.

Das Arbeitsverhalten von XX ist etwas langsam. Sie geht gerne den bequemen Weg. Zudem schaut sie des Öfteren bei ihren Mitschülern ab.

Ihre Fertigkeiten und Fähigkeiten reflektiert die Schülerin meist korrekt.

7 Darstellung des Unterrichtsverlaufs

7.1 Artikulationsschema

Zeit	Phase der Artikulation	Unterrichtsverlauf	Lehr-/ Sozialform	Medien
0. Vorphase				
7.55	Vorviertelstunde	Ankommen der SuS, Abgeben der Hausaufgabe, Bereitlegen von Mäppchen und Hausaufgabenheft sowie freies Beschäftigen		Musik
				Klingel
		L: „Komm in den Stehkreis.“		Gebetswürfel
		• Gebet		
		• Morgengruß		
		• „Wir wünschen uns einen frisch fröhlichen Tag.“		
		• Datumdienst		
		• Begrüßung der Gäste		
1. Hinführung				
8.10		L zeigt Bildkarte Kinositz und hängt sie an die linke Tafel	Kinositz	BK Kinositz
		SuS kommen in den Kinositz		
		L hängt Bild einer Haselmaus an die Tafel		Tafel
		SÄ: „Ich sehe eine Maus“ „Sie hat den Mund auf“ „Dort ist auch eine Nuss“ „Es ist eine Haselmaus“		BK: Haselmaus
				Audiowiedergabe (LEZ)
	Zielangabe	Ela erzählt von sich		
		L: „Du erfährst heute etwas über Ela, der Haselmaus.		
	Blitzlesen	L.: „Ela hat dir Wörter mitgebracht. Schaue genau an die Tafel und lies.“		WK: Hecke, Wildschwein,

12

Zeit	Verlauf	Sozialform	Material
	L zeigt nach und nach die WK		Winterschlaf, Beere, Zentimeter
2. Textbegegnung und Texterschließung			
8.15	L: „Ela hat dir etwas mitgebracht. L zeigt AB Lesetext L: „Du darfst gleich alleine lesen."		AB Lesetext
8.16	L hängt Lupe, Lesemaus, an die Tafel SÄ „Ich lese genau." L: „Lies von Satz zu Satz. Ein Satz endet mit einem Punkt."		linke Tafel BK: Lupe, Lesemaus
	L hängt WK „schwieriges Wort an die Tafel" SÄ „Schwierige Wörter unterstreiche ich gelb mit Lineal."		linke Tafel WK: schwieriges Wort
	L zeigt auf Stern des ABs SÄ „Wenn ich fertig bin mit Lesen, mache ich die Sternchenaufgabe."		AB
8.19	L: „Gehe leise an deinen Platz. Das AB ist unter deinem Tisch. Schreibe Name und Datum auf das Blatt und beginne zu lesen. Das Leseblatt ist unter deinem Tisch." L: „Der Leseclub (Sude, Medine, Yavuz) kommt zu mir." *Differenzierung:* *3 verschiedene Lesetexte mit 3 verschiedenen Fragenblättern sowie Sternchen/-kronenaufgaben.*	EA	Teppichfliesen
8.26	L gibt akustischen Impuls SuS beenden Arbeit		Triangel

8.28	L: „Es gab bestimmt ein Wort, das schwierig für dich war. Bespreche es mit deinem Sitznachbarn."	PA	Triangel
	SuS tauschen sich aus		
	L gibt akustischen Impuls		
	SuS beenden Partnerarbeit		
	L: „Gibt es noch Wörter, die von Experten der Klasse geklärt werden müssen?"	Plenum	
	ggf. SÄ		
	L fragt nach „Greifvogel", „Zentimeter", „Gramm", „Winterschlaf"		
	„Jetzt verstehst auch du die schwierigen Wörter.		
8.31	L: „Jetzt bist du fit!"		linke Tafel
	L hängt WK Hinweiswort an die linke Tafel		WK: Hinweiswort
	ggf. Hilfsimpuls „Unser Trick hilft dir beim Verstehen des Textes."		
	SÄ „Ich unterstreiche Hinweiswörter grün und mit Lineal."		
8.33	L: „Hole das AB mit den Fragen. Lies die erste Frage vor."		AB Frageblatt
	S liest die erste Frage vor.		(unter dem Tisch)
	L: „Du weißt bestimmt wie du jetzt vorgehen musst?"		
	SÄ „Ich lese genau im Text, ich unterstreiche das Hinweiswort mit grün."		
	SuS suchen Hinweiswort		
	L: „Du kannst mir bestimmt sagen was das Hinweiswort für die erste Frage ist?"		
	SÄ „acht Zentimeter"		
	L: „Du kannst mir bestimmt sagen in welcher Zeile das steht."		
	SÄ „Das steht in Zeile 2."		
	L: „Beantworte jetzt die weiteren Fragen zu dem Lesetext alleine. Antworte in ganzen Sätzen.		

Zeit	Phase	Handlung	Sozialform	Material
8.36		„Das erste Wort schreibst du groß. Am Ende des Satzes machst du einen Punkt." SuS bearbeiten die Fragen in EA	EA	
3. Sicherung				
8.48	Impuls	L gibt akustischen Impuls SuS beenden Einzelarbeit		Triangel
		L zeigt auf Kinositzbild SuS kommen in den Kinositz	Kinositz	BK: Kinositz
		L zeigt auf das Bild der Haselmaus und hängt WK auf SÄ verbalisieren in ganzen Sätzen ihr Wissen zu Ela „Ela frisst gerne Beeren" „Ela hat Feinde" L hängt BK und WK an die Tafel		Tafel WK: Du weißt jetzt viel über mich.... BK: Haselmaus, Hecke, Wald, Adler, Fuchs, Wildschweine, Insekten, Nüsse, Beeren WK: Winterschlaf, 25 Gramm, 7 Jahre alt kurzes Lineal, 2 Schokoriegel
4. Reflexion				
8.53		Impuls: L zeigt auf die Zielscheibe L: „Mich interessiert jetzt natürlich noch, wie es bei dir geklappt hat, dich über Ela zu informieren und unsere Lesetricks anzuwenden: Genau lesen, schwierige Wörter, Hinweiswörter unterstreichen? Du darfst dabei etwas sagen." SuS verbalisieren sich bei der Reflexion SuS überlegen und platzieren ihre Nummer gruppenweise neu an der Zielscheibe.		Zielscheibe mit Klebenummern der SuS Satzanfänge: Mir fiel besonders leicht... Mir fiel besonders schwer...
8.55		Verabschiedung des Seminars		

7.2 Geplantes Tafelbild

Blitzlesen	Ela, die Haselmaus		Reflexion
	(Du weißt jetzt viel über mich…)		
Lupe	8cm	Hecke	Gut geklappt hat…
Lesemaus	7 Jahre	Wald	Mir ist noch etwas schwer
schwieriges Wort	**Ela**		gefallen…
Hinweiswort	Winterschlaf		
	Ela zusammengerollt		
		Adler	
		Fuchs	
	Insekten	Wildschwein	
	Nüsse		
	Beeren		

7.3 Materialien

7.3.1 Bildkarten

7.3.2 Wortkarten

Zentimeter	25 Gramm
Hecke	7 Zentimeter
Beere	Winterschlaf
Winterschlaf	Du weißt jetzt viel über mich
Wildschwein	
	Mir fiel besonders leicht...
Ela, die Haselmaus	Mir fiel besonders schwer...

7.3.3 Text der Audiodatei

Hallo, ich bin Ela. Kennst du mich? Ich bin zwar nicht sehr groß, aber vielleicht sind wir uns schon einmal irgendwo begegnet.

Nicht? Dann wird es Zeit, dass du heute einiges über mich erfährst. Ich habe für dich etwas über mich aufgeschrieben. Du kannst gespannt sein...

hohes Leseniveau

D	Name:	Datum:	

Ela, die Haselmaus

1   Ich bin acht Zentimeter groß und
wiege 25 Gramm.
Bis zu sieben Jahre alt kann ich werden.
Mein Zuhause ist die Hecke und der Wald.

5   Dort gehe ich abends auf die Suche nach Futter.
Nüsse, Insekten und Beeren fresse ich gerne.
Im Winter halte ich Winterschlaf und rolle mich zusammen.
So habe ich es kuschelig warm.
Greifvögel, Wildschweine und Füchse mag ich gar nicht.

10   Sie sind meine Feinde. Ich muss mich vor ihnen in Acht nehmen.

Ergänze richtig:

Ela ist eine  :

Das steht in Zeile _____.

Lies weiter:

11   In meiner Freizeit klettere und turne ich gerne im Gebüsch
oder in Baumkronen herum. Das macht sehr viel Spaß.
Nachdem ich mich ausgetobt habe, fresse ich am liebsten ein
paar Beeren oder ruhe mich in meinem Nest aus Laub oder in

15   einer Höhle aus.

D	Name:	Datum:	(2)

Löse die Aufgaben!

Antworte in ganzen Sätzen!

🔍 Tipp: Unterstreiche die Hinweiswörter mit grün!

1. Wie groß ist Ela?

_____

_____

Das steht in Zeile _____.

2. Wie schwer ist Ela?

Kreuze an:

☐ 23 Zentimeter

☐ 25 Gramm

☐ 27 Kilo

3. Hier lebt Ela:

_____

_____

4. Male was Ela frisst!

5. Ergänze:

Im ▭ hält Ela, die Haselmaus ▭

und rollt sich zusammen, damit sie es ▭ hat.

6. Kennst du Elas Feinde? Kreuze an!

- [ ] Wildschweine
- [ ] Marder
- [ ] Füchse
- [ ] Insekten
- [ ] Greifvögel
- [ ] Beere

Das steht in Zeile _____.

7. Male Elas Feinde!

8. Kreuze an was Ela den ganzen Tag macht:

- [ ] Ela springt und hüpft von Baum zu Baum.
- [ ] Ela schläft den ganzen Tag.
- [ ] Ela turnt herum und frisst sich danach satt.

D	Name:	Datum:	

Ela, die Haselmaus

1 Ich bin acht Zentimeter groß und
   wiege 25 Gramm.
   Ich kann bis zu sieben Jahre alt werden.
   Mein Zuhause ist die Hecke und der Wald.
5 Dort gehe ich abends auf die Suche nach Futter.
   Nüsse, Insekten und Beeren fresse ich gerne.
   Im Winter halte ich Winterschlaf und rolle mich zusammen.
   So habe ich es warm.
   Greifvögel, Wildschweine und Füchse mag ich gar nicht.
10 Sie sind meine Feinde.

Ergänze richtig:

Ela ist eine _____ ;

Das steht in Zeile _____ .

| D | Name: | Datum: | (2) |

Löse die Aufgaben!

Antworte in ganzen Sätzen!

🔍 Tipp: Unterstreiche die Hinweiswörter mit grün!

1. Wie groß ist Ela?

_____

_____

Das steht in Zeile _____.

2. Wie schwer ist Ela?

Kreuze an:

☐ 23 Zentimeter

☐ 25 Gramm

☐ 27 Kilo

3. Hier lebt Ela:

_____

_____

4. Male was Ela gerne frisst!

5. Ergänze:

Im |_____| halt Ela, die Haselmaus |_____|

und rollt sich zusammen, damit sie es |_____| hat.

warm – Winter – Winterschlaf

👑 6. Kennst du Elas Feinde? Kreuze an!

☐ Wildschweine   ☐ Insekten

☐ Marder   ☐ Greifvögel

☐ Füchse   ☐ Beeren

Das steht in Zeile _____.

7. Male Elas Feinde:

D	Name:	Datum:	1

Ela, die Haselmaus

1 Ich bin acht Zentimeter groß
und wiege 25 Gramm.
Ich kann bis zu sieben Jahre alt werden.
Mein Zuhause ist die Hecke und der Wald.
5 Dort gehe ich abends auf die Suche nach Futter.
Nüsse, Insekten und Beeren fresse ich gerne.
Im Winter halte ich Winterschlaf und rolle mich
zusammen.
Greifvögel, Wildschweine und Füchse mag ich gar nicht.
10 Sie sind meine Feinde.

Ergänze richtig:

Ela ist eine _____

D	Name:	Datum:	2

Löse die Aufgaben!

🔍 Tipp: Unterstreiche die Hinweiswörter mit grün!

1. Wie groß ist Ela?

☐ sechs Zentimeter

☐ sieben Zentimeter

☐ acht Zentimeter

Das steht in Zeile _____.

2. Wie schwer ist Ela?

Kreuze an:

☐ 23 Zentimeter

☐ 25 Gramm

☐ 27 Kilo

3. Hier lebt Ela:

4. Male was Ela gerne frisst!

Male die Feinde von Ela!

8 Literaturverzeichnis

Altenburg, Erika (1991): Wege zum selbstständigen Lesen. 10 Methoden der Texterschließung. Berlin: Cornelsen Verlag Scriptor Gmbh&Co. KG.

Bayerisches Staatsministerium für Unterricht und Kultus (2017): LehrplanPLUS Grundschule in Bayern. München: Verlag J. Maiß.

Dehn, Mechthild (2010): Kinder&Lesen und Schreiben. Was Erwachsene wissen sollten. Seelze: Friedrich Verlag GmbH.

Maras, Rainer/Ametsbichler, Josef (2016): Unterrichtsgestaltung in der Grundschule. Ein Handbuch. Augsburg: Auer Verlag.

Schulz, Gudrun (Hrsg.) (2010): Lesen lernen in der Grundschule. Lesekompetenzen und Leseverstehen. Förderung und Bücherwelten. Berlin: Cornelsen Verlag Scriptor Gmbh&Co. KG, S. 62 ff.

https://www.deutschewildtierstiftung.de/wildtiere/haselmaus

https://naturdetektive.bfn.de/lexikon/tiere/saeugetiere/haselmaus.html

https://thueringen.nabu.de/tiere-und-pflanzen/saeugetiere/haselmaus/index.html

9 Bildnachweise

https://www.deutschewildtierstiftung.de/wildtiere/haselmaus

https://thueringen.nabu.de/tiere-und-pflanzen/saeugetiere/haselmaus/index.html

https://www.google.com/url?sa=i&rct=j&q=&esrc=s&source=images&cd=&ved=2ahUKEwj54 a2h2dPlAhVOURoKHUPaBsEQjRx6BAgBEAQ&url=https%3A%2F%2Fwww.sportaktiv.com %2Fdas-sind-die-5-gesuendesten- beeren&psig=AOvVaw1io9QD8zlltrlGdbVpUqkC&ust=1573064808111582

https://www.google.com/url?sa=i&rct=j&q=&esrc=s&source=images&cd=&ved=2ahUKEwiigc y4ptflAhVDSxoKHXnYAsoQjRx6BAgBEAQ&url=https%3A%2F%2Fwww.spiegel.de%2Fpan orama%2Fgesellschaft%2Flimburger-glockenspiel-fuchs-du-hast-die-gans-gestohlen-darf- wieder-gespielt-werden-a-1142988.html&psig=AOvVaw0MDihMAyyzO3eu- AdeK5aS&ust=1573188606169690

https://www.google.com/url?sa=i&rct=j&q=&esrc=s&source=images&cd=&ved=2ahUKEwij6o iPptflAhXkzoUKHe_5C2cQjRx6BAgBEAQ&url=https%3A%2F%2Fwww.amazon.de%2FMini blings-Insekten-Aufstellfiguren-Tierfiguren- Gummitiere%2Fdp%2FB00R3WVRY6&psig=AOvVaw3TihBJqCf14i0aOtXkEVBa&ust=1573 188477722328

https://www.google.com/url?sa=i&rct=j&q=&esrc=s&source=images&cd=&ved=2ahUKEwj01 ZvepdflAhVFWxoKHWkBBcgQjRx6BAgBEAQ&url=https%3A%2F%2Flebensmittel- warenkunde.de%2Flebensmittel%2Ffette-oele%2Fsamen- nuesse.html&psig=AOvVaw1YOf8Ce-7RpL5TRAm-x2a-&ust=1573188410261394

https://www.google.de/url?sa=i&rct=j&q=&esrc=s&source=images&cd=&ved=2ahUKEwiXlry 3pdflAhULNOwKHez- C6YQjRx6BAgBEAQ&url=https%3A%2F%2Fwww.scinexx.de%2Fnews%2Fgeowissen%2Fn eue-waelder-als- klimaretter%2F&psig=AOvVaw0lirpSWWQ0tEsVBtURjt9D&ust=1573188346786121

https://www.google.com/imgres?imgurl=https%3A%2F%2Fmedia- cdn.sueddeutsche.de%2Fimage%2Fsz.1.3007775%2F704x396&imgrefurl=https%3A%2F%2 Fwww.sueddeutsche.de%2Fpanorama%2Ftiere-schnaubt-ein-wildschwein-durch-die-nase- sollte-man-aufpassen-1.3684594&docid=V3-

mY9CMQRxhjM&tbnid=VUkHo58vzdoBHM%3A&vet=10ahUKEwiJ4ezz2NPlAhWEa1AKHck
VCSYQMwhdKA8wDw..i&w=704&h=396&client=safari&bih=744&biw=504&q=wildschwein&v
ed=0ahUKEwiJ4ezz2NPlAhWEa1AKHckVCSYQMwhdKA8wDw&iact=mrc&uact=8

BEI GRIN MACHT SICH IHR WISSEN BEZAHLT

- Wir veröffentlichen Ihre Hausarbeit,
  Bachelor- und Masterarbeit

- Ihr eigenes eBook und Buch -
  weltweit in allen wichtigen Shops

- Verdienen Sie an jedem Verkauf

**Jetzt bei www.GRIN.com hochladen
und kostenlos publizieren**